KIDS FUN

QUEM NUNCA?

Diretora
Rosely Boschini

Gerente Editorial
Marília Chaves

Assistente Editorial
Juliana Cury Rodrigues

Controle de Produção
Karina Groschitz

Projeto Gráfico, Diagramação e Capa
Vanessa Lima

Revisão
Leonardo do Carmos

Imagem de Capa
Lucas Landau

Imagens de Miolo
Lucas Landau e arquivo pessoal

Impressão
RR Donnelley

Única é um selo da Editora Gente.

Rua Wisard, 305, sala 53
São Paulo, SP – CEP 05434-080
Telefone: (11) 3670-2500
Site: www.unicaeditora.com.br
E-mail: gente@editoragente.com.br

Dados Internacionais de Catalogação na Publicação (CIP)
Angélica Ilacqua CRB-8/7057

Baltar, Rafaella
Kids Fun : quem nunca?/ Luiz Phellipe e Rafaella Baltar. - São Paulo : Única, 2017. 3ª tiragem.
128 p.

ISBN 978-85-9490-025-8

1. Entretenimento 2. Internet - Vídeos 3. Vlogs (Internet) 4. YouTube (Recurso eletrônico) 5. Autobiografia I. Título II. Phellipe, Luiz

17-1013 CDD 028.5

Índice para catálogo sistemático:
1. Literatura infantojuvenil : Brincadeiras

LUIZ PHELLIPE e RAFAELLA BALTAR

KIDS FUN

QUEM NUNCA?

ÚNICA editora

DEDICATÓRIA

Aos nossos pais e irmãs, que participam desde o começo do canal nos incentivando e se divertindo conosco. Aos nossos seguidores, que nos proporcionam dias incríveis com seus comentários divertidos e criativos.

AGRADECIMENTOS

Agradecemos a Deus por permitir que, apesar da timidez, conseguíssemos levar alegria e diversão a milhares de pessoas por todo o mundo, e por abençoar nossa vida com saúde, alegria e famílias maravilhosas, que nos apoiam e nos tratam com tanto carinho.

obrigado!
OBRIGADA
OBRIGADO
obrigada
obrigado
OBRIGADA
OBRIGADO
obrigada
obrigado
OBRIGADA
OBRIGADO
obrigada

QUEM NUNCA
PASSOU
UMA TARDE
ASSISTINDO
AOS VÍDEOS
DO *KIDS FUN*?

E é por isso que queremos mostrar tudo o que você ainda não viu no canal. Este livro tem tudo aquilo que nossos fãs pediram e foi feito com todo o carinho especialmente para eles.

Kids Fun é sinônimo de diversão e aventura!

QUEM NUNCA QUIS SER YOUTUBER?

Começamos a vida de youtubers com o canal da Juliana Baltar (irmã da Rafa), como você já deve saber. Era muito divertido e fazia muito sucesso. Ali, nossa criatividade e nosso prazer de inventar coisas novas foram crescendo. Sentimos a necessidade de abrir um canal, queríamos fazer mais e mais, e, além disso, os seguidores começaram a perguntar sobre a Rafaella e o Luiz.

Primeiramente, chegaram os comentários querendo saber quem éramos. Bom, a resposta na época era simples: as duas pessoas mais tímidas do mundo! Quantos anos tinham? O que faziam? A curiosidade dos fãs do canal da Juliana crescia, e nós tínhamos muitas ideias novas para vídeos todos os dias.

Os seguidores começaram a ir atrás de nossas redes sociais e a perguntar qual era o nosso canal. O carinho deles e a interação era muito legal. Com nossos seguidores, sentíamos como se estivéssemos em família, e isso nos motivou a começar um canal que tivesse a cara daquelas pessoas maravilhosas que nos procuravam. Mas saiba que não foi tão fácil assim.

Nosso começo foi uma "gambiarra" só! Gravávamos com o celular mesmo. Construímos um softbox com uma estrutura de canos de PVC e garrafas PET cheias de areia para fazer peso. Pegávamos lâmpadas emprestadas para melhorar a iluminação dos vídeos. Conseguimos alguns retalhos, compramos algumas bonecas para fazer os desafios e brincadeiras.

Era tudo feito à mão e sem investimento nenhum! Pegávamos caixas de papelão em lojas para construirmos os cenários dos vídeos da Barbie e da Peppa Pig. As nossas famílias sempre nos ajudaram e nos apoiaram nessa aventura. Você nem imagina como ficava a nossa casa... a maior bagunça: brinquedos, cola, tesoura, papel picado, papelão, areia. E acredite: as nossas mães nem brigavam conosco! Elas até ajudavam a construir as coisas e, depois, a arrumar tudo. Juramos que é verdade!

E foi assim que o *Kids Fun* nasceu! Ele cresce cada vez mais, graças a vocês! Somos muito gratos por isso. Obrigado de coração!

Atualmente, o canal tem mais de 3 milhões de inscritos e já atravessou a marca de 600 milhões de visualizações. Com mais de 300 vídeos divertidos, procuramos descontrair os nossos seguidores, passando nossa espontaneidade e simplicidade, com o intuito de mostrar o lado leve e simples do cotidiano. Temos fãs assíduos de 3 a 4 anos, que amam nossos vídeos de “terror”. E isso é muito legal e surpreendente!

Gravamos, criamos, produzimos e editamos nossos vídeos e também os da Ju, o que faz com que tenhamos uma vida bem corrida, apesar da ajuda da nossa família.

Para resumir nossa trajetória: fizemos algumas participações no canal da Ju, mas sentimos necessidade de ter nosso próprio cantinho no YouTube, tamanha era a vontade de criar e diversificar. Sem abandonar nossa princesa e nossa musa inspiradora Juliana, começamos com os próprios vídeos!

Tem sido muito gratificante, principalmente pelo carinho que recebemos de todos, desde

os pequeninos até os avós que nos abordam em lugares públicos para nos dar aquele abraço.

A cada dia que recebemos o reconhecimento dos nossos fãs, temos a certeza de que estamos no caminho certo e cumprindo a nossa missão: transmitir alegria e diversão!

Luiz Phellipe e Rafaella

BROOKLYN

TESTE:
VOCÊ CONHECE BEM O CANAL KIDS FUN?

Perguntas e respostas sobre o canal:

1. Qual é o nome do primeiro v´deo publicado no *Kids Fun*?
2. Você consegue listar pelo menos três quadros do canal?
3. Qual música a Rafa dançou no vídeo "Pergunte à Rafa #31"?
4. Quem ganhou o desafio do Fidget Spinner?
5. Qual é o vídeo mais visto do canal?

1. "Bubble Guppies – Ambulância!" 2. "Versus", "Desafios e tags", "Você decide", "Pergunte à Rafa!", "Histórias de terror!", "Quem nunca?", "O que fazer?" 3. "Despacito" 4. O Luiz Phellipe. 5. "Quem nunca? – Piscina"

QUEM NUNCA PENSOU EM TER UM CANAL?

Aproveite as próximas páginas e escreva ou desenhe como é, como seria ou como será o seu canal:

QUEM NUNCA SENTIU O CORAÇÃO BATER MAIS FORTE?

– Presente! – Respondeu Luiz à chamada da aula de Física.

O coração de Rafaella estremeceu...

O início de tudo foi exatamente quando nos conhecemos. Ainda estávamos no colégio e hoje parece que foi há muito mais tempo!

Éramos da mesma sala no Ensino Médio, e nossa turma era muito divertida. Fizemos muitos amigos naquele colégio, mas sabíamos que a amizade entre nós era especial, era... mais do que amizade?!

Quando ficávamos mais próximos, o rosto esquentava, a mão suava, o coração disparava e a cabeça parecia que ia pirar. Será que era paixão? Sim, era paixão, aliás, era muito maior do que isso. Era vontade de estar junto todo o tempo, vontade de fazer planos, de inventar coisas, de sair por aí gritando de tanta felicidade. Uma coisa que não dá para explicar!

Luiz Phellipe e Rafaella

QUEM NUNCA TEVE UMA IDEIA GENIAL?

???
FUTEBOL
HISTÓRIAS
MEU
CANAL
NO
YOUTUBE
CULINÁRIA
LIVROS
Hi!
CINEMA
BICHOS
QUADRINHOS
VIAGEM
LIKE

Em um belo dia, você está pensando na vida, sem fazer nada, e surge uma ideia genial: "Vou criar um canal no YouTube!".

Mas, o que fazer nesse canal? Como conquistar seguidores? Como se identificar com os fãs?

O mais importante de tudo se resume a uma coisa: você precisa estar se divertindo e fazendo algo que ama! Não adianta querer fazer vídeos de dança, por exemplo, se você não gosta de dançar, certo? Ou fazer vídeos sobre culinária se você detesta cozinhar. Não seria legal, concorda?

Quanto mais à vontade e feliz com os vídeos você estiver, mais legais, soltos e naturais eles vão ficar. E é assim que conquistamos cada vez mais seguidores!

Como os seguidores da Ju Baltar já perguntavam muito sobre nós, resolvemos arriscar e criar o nosso próprio canal, fazendo o que a gente mais gosta: brincar, dar risada e se divertir com nossos amigos.

Com muito trabalho e carinho dos fãs, o *Kids Fun* ficou cada vez maior e nos provou uma coisa que vamos levar para a vida inteira: se você tem um sonho e se dedica para vê-lo realizado, tem tudo para ser um sucesso!

QUEM NUNCA CONHECEU O CARA MAIS ENGRAÇADO DO MUNDO?

QUEM É O LUIZ?

A primeira coisa que eu penso sobre o Luiz é que ele é muito carinhoso e tem um coração que acolhe as pessoas com a maior sinceridade. Mesmo sendo divertido e engraçado, ele também é quieto e extremamente observador. Sempre admirei sua inteligência: sem muito esforço, ele sempre tirou boas notas no colégio. Conseguiu até entrar em duas universidades públicas, mas, devido à dedicação ao seu trabalho, teve de trancar a matrícula.

Muito bagunceiro, quando pequeno vivia inventando coisas novas que envolvia toda a família (e faz isso até hoje). Sempre amou cinema e, se deixassem, ele iria todos os dias, não importava qual filme, e carregava a família toda! Bom, na verdade, ele ainda carrega!

Luiz, apressado, nasceu aos oito meses de gestação. Quando completou 10 dias de vida, precisou voltar ao hospital com um quadro de infecção, mas Deus operou um verdadeiro milagre, pois até os médicos estranharam sua rápida recuperação. Deus é pai e cuida de todos nós.

Muito farrista, inventava mil coisas e fazia a maior festa com sua irmã, que é 5 anos mais velha. Stephany voltava das aulas de balé e brincava muito com Luiz. Muito companheiros e sempre criativos demais! Entravam no baú de roupas sujas, faziam cabanas com cobertores, mudavam os móveis de lugar, rabiscavam as paredes, furavam o sofá (ainda bem que era um velhinho). Brincávamos juntos, Luiz Phelipe, Stephany, o pai

deles e eu. Sempre fizemos tudo juntos: mercado, cinema, passeios, jogos. Acho que ficamos mais fortes quando estamos acompanhados de pessoas queridas.

Luiz sempre gostou de uma brincadeira, e gosta até hoje. Vivia pregando peças dentro de casa. No colégio e no futebol era supertímido e pouco falava. Todos o elogiavam e diziam: "Ele é tão quietinho, um anjinho". Mas, dentro de casa, era muito bagunceiro!

Olhem só algumas artes que ele aprontou quando era mais novo:

— Cadê a gelatina?

Procurei por toda parte, debaixo da mesa, nos armários e até na sala! A água já estava fervendo e pronta para receber a gelatina de morango que planejava para sobremesa. Elas estavam em cima da mesa e sumiram! Apaguei o fogo e desisti de prepará-las. Luiz era pequenino, tinha menos de 2 anos e, para minha surpresa, havia colocado os pacotinhos na máquina de lavar. Sabe aquela máquina de lavar que a abertura é uma porta transparente bem na frente, onde colocamos as roupas? Então, essa mesmo. As gelatinas estavam rodando com as roupas. Tudo ficou melado... e cor de morango.

– Que barulho é esse?

Seu pai estava no quarto, sentado em uma cadeira de rodinhas, aquelas de escritório, sabe? Bem em frente ao computador. Quando se afastou para sair, ouviu um barulhão que vinha do outro quarto. Foi aí que ele percebeu um barbante amarrado nos pés de sua cadeira, que também estava amarrado em um rádio sobre a mesa do quarto ao lado. Sorte que não quebrou, mas deu um susto em todos nós. (Não façam isso em casa, por favor!)

Sua vocação?

Desde cedo ele já gostava de jogar bola. Em suas festas de aniversário sempre ganhava bolas de presente, e toda vez que chegava uma nova ele se enchia de uma enorme alegria! Parecia que nunca havia tido um brinquedo tão legal.

Luiz tinha apenas 6 anos e já havia mais de dez bolas em casa, e ele dormia com elas em sua cama. Quebrava tudo dentro de casa, chutando-as sem direção: espelho, porta-retratos, lâmpadas. Dizia que queria ser jogador de futebol, e realmente foi! Começou no esporte com 5 anos e foi atleta até os 18. Chegou aos Juniores (categoria para jogadores com até 20 anos) por mérito próprio, pois nunca teve empresário nem contatos influentes. Com essa idade, fica difícil se estabelecer em um clube aqui no Brasil sem ter algum conhecido ou parente nesse meio.

Seu jogo era inteligente. Belos passes, dribles brilhantes, mas que os técnicos não conseguiam reconhecer, pois, para eles, só os que fazem o gol, os que falam palavrões ou os nervosinhos é que têm valor. Só os rebeldes recebiam algum reconhecimento e até recompensas. E Luiz, com sua educação, sua gentileza e seu companheirismo, ficava um pouco deslocado.

Mas é como sempre falo: nada é por acaso! Tudo tem uma razão de ser. Luiz sempre foi querido por todos, fez amigos, aprendeu muito nessa fase, e nós também conhecemos pessoas, vivemos grandes emoções e seguimos em frente.

Nas horas vagas, assistia a filmes na TV e jogava videogame como todo menino de sua idade. Seus dias eram preenchidos com treinos de futebol e com a escola. Sempre havia algum jogo marcado nos finais de semana, às vezes até fora do Rio de Janeiro, mas no tempinho que sobrava ele corria para o cinema e nos levava juntos. Acho que ali já estava surgindo uma grande paixão por esse mundo de cenas e vídeos.

Ao encontrar Rafaella, essa princesa abençoada e linda, Luiz começou a dar asas à sua imaginação e juntos estão fazendo um lindo trabalho no canal *Kids Fun*. Creio que ainda haja muita coisa pela frente. Muito o que fazer, muito o que aprender e muito a agradecer. Sempre digo: preparem-se para as oportunidades e nunca se esqueçam que Deus está no controle de todas as coisas.

Sandra,
mãe do Luiz

QUEM NUNCA CONHECEU A MENINA MAIS DOCE DO MUNDO?

BROOKLYN
- 1973 -

UM POUQUINHO SOBRE A RAFAELLA

Falar da minha menina é motivo de muito orgulho.

Rafaella Alves Baltar Matos nasceu em 12 de dezembro de 1996. Um mês antes da data esperada para a sua chegada.

Meu presente de Natal!

No dia em que ela nasceu, à sua volta era só admiração. Quando a vi pela primeira vez pensei: "Como era possível esse milagre? Esta bonequinha linda, este anjo, ser minha filha?". Era o meu milagre! Mas só o primeiro, porque depois veio o segundo milagre: a Juliana Baltar, que vocês conhecem bem.

Um grande orgulho me invadiu. Era o fruto do meu amor. Pensei: "Como era possível esta coisinha tão linda, tão meiguinha, tão frágil, ter o poder de dar tanta emoção?".

Hoje vejo que ela realmente veio a esse mundo com uma missão sublime de trazer alegria para milhões de crianças e jovens que se divertem todos os dias com o canal *Kids Fun*, que ela

mantém junto com seu namorado, Luiz Phellipe, no YouTube.

Pequena na estatura, porém grande no caráter, na responsabilidade e no amor pelas pessoas. Frágil na aparência, mas forte no coração – sua fragilidade é delicadeza e empatia.

Nunca nos deu motivos para preocupações... Desde pequena se mostrava responsável diante das obrigações e dos deveres do dia a dia. Hoje não é diferente. Às vezes me sinto até uma pouco filha dela, pois ela consegue ter atitudes mais maduras que as minhas, acreditam?

Seu maior amor é a Ju, sua irmã caçula, de quem se denomina "irmãe", com muita propriedade, diga-se de passagem, pois cuida dela com muito amor, carinho, atenção e rigor próprios de uma mãe zelosa.

Todo o sucesso alcançado po- ela hoje foi projetado por Deus no dia de seu nascimento e anunciado pelo obstetra na hora do parto normal, quando, ao retirá-la do meu ventre, com um nó no cordão umbilical, disse:

– Um nó verdadeiro de corcão*! Essa menina nasceu virada para a lua!

Rosane,
mãe da Rafaella

* Durante as contrações, o bebê se movimenta, e é nesse momento que o nó aperta e pode levar o bebê à morte, pela falta de oxigênio no sangue. No parto normal, essa situação é fatal.

QUEM NUNCA DESEJOU PASSAR AS FÉRIAS FAZENDO AS COISAS QUE MAIS GOSTA?

As coisas preferidas da Rafaella:

- Ver filme debaixo da ccberta.
- Comer fondue com o Luiz.
- Viajar e conhecer novos lugares.
- Fazer compras pela internet.
- Almoçar com a família cos domingos.
- Encher a Ju de beijos.

As coisas preferidas do Luiz:

- Ir ao cinema, não importa qual será o filme.
- Viajar com a Rafa, conhecer novos lugares.
- Comer pizza (de preferência calabresa).
- Jogar futebol e fazer gols.
- Ir à praia, mergulhar.
- Assistir séries durante a madrugada.
- Jogar Uno com a família.

LISTE AS SUAS COISAS PREFERIDAS:

QUEM NUNCA PEDIU PARA AQUELA AMIGA ESPECIAL TE DESCREVER?

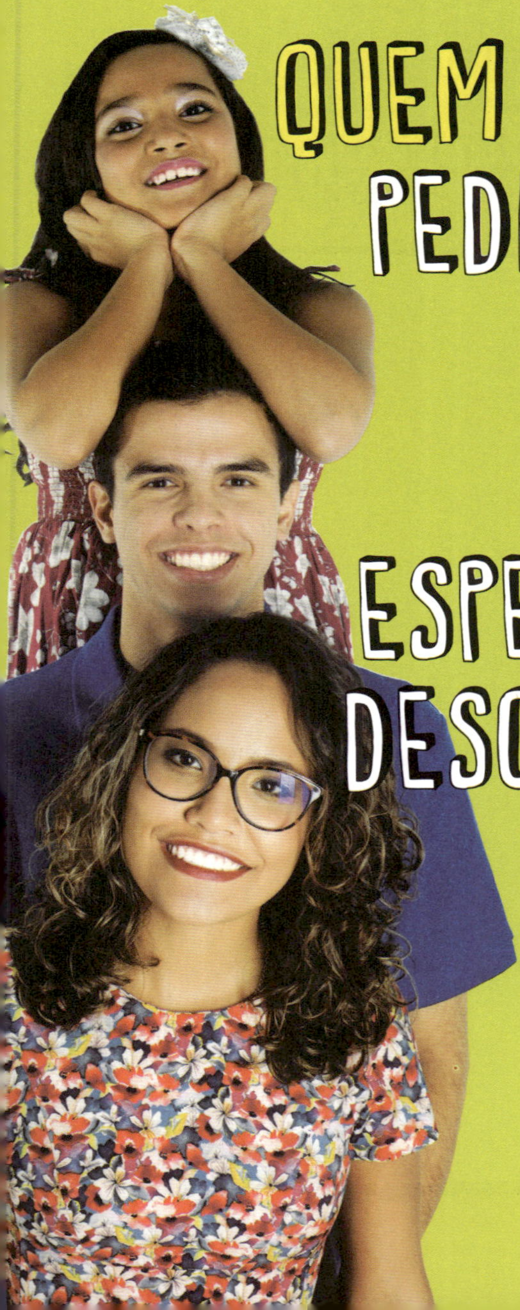

O Luiz segundo a Juliana Baltar:

- Ele é muito corajoso.
- Superengraçado!
- É cheiroso e estiloso.
- Olha, preciso confessar que ele tem muuuita paciência comigo.
- Ah, uma curiosidade: ele come muito devagar.

A Rafaella segundo a Juliana Baltar:

- Ela é muito legal, amiga, parceira e estilosa.
- Até que ela é paciente (#nemsempre).
- Muito, muito engraçada.
- Agora uma curiosidade sobre ela: não consegue assistir a um filme até o fim; ela sempre dorme.
- Ela faz muitos penteados no meu cabelo e eu adoro!

PEÇA PARA O SEU AMIGO LHE DESCREVER:

AGORA É A SUA VEZ DE DESCREVER O SEU AMIGO:

SÉRIE

"QUEM NUNCA?"

Nesta série, abordamos muitas situações normais, só que com brincadeiras. Por exemplo: no "Quem Nunca? – Medo!", mostramos o pavor de barata, o medo de ir à cozinha depois de assistir a um filme de terror, de levar uma bronca depois de desarrumar a sala ou sujar o quarto, daquele animal de estimação do seu amigo, que é mansinho com todo mundo, mas quando você chega lá, parece que vai lhe atacar!

Claro que você já fez alguma coisa sobre a qual nós falamos nessa série. Escreva aqui nestas linhas as coisas que você já fez:

TESTE: QUEM NUNCA?

Hora de assinalar tudo o que você já fez (mas não vale mentir, hein?)

- ☐ Tirou meleca e viu que tinha alguém observando?
- ☐ Foi dormir sem sono?
- ☐ Esqueceu que tinha uma prova e não estudou?
- ☐ Sentiu sono em uma viagem de ônibus?
- ☐ Pegou um docinho de uma mesa de aniversário antes dos parabéns?
- ☐ Levou um tombo ou tropeçou em público?
- ☐ Viu uma pessoa acenando, disse "Oi" de volta e depois percebeu que não era para você?

- [ ] Deu aquele sorrisão e depois viu que estava com uma sujeira nos dentes?
- [ ] Teve um ataque de riso em um momento muito desapropriado?
- [ ] Contou uma piada superengraçada, mas ninguém riu?
- [ ] Passou uma tarde ou uma noite vendo séries e vídeos ou lendo um livro?
- [ ] Sonhou acordado durante a aula?
- [ ] Se divertiu tanto durante o dia que praticamente desmaiou na hora de dormir?
- [ ] Amou tanto um livro que o leu em poucas horas?

QUEM NUNCA PARTICIPOU DE UM DESAFIO?

BOOM!
OH!

Os desafios também podem ser feitos por todos vocês. É muito divertido e toda a família pode participar.

O vídeo mais legal, que teve muitas visualizações, foi o "Revanche – Desafio da piscina com spray!".

Reúna a família e os amigos e faça esse desafio na sua casa. Vocês vão se divertir muito. Peça a alguém para filmar e depois assistam juntos. Vocês vão amar.

Mandem para nós também, pois vamos adorar dar risada junto com vocês!

QUEM NUNCA TEVE VONTADE DE JOGAR TORTA NA CARA?

HAHA

Os vídeos de tags fazem com que vocês nos conheçam melhor. Também são uma ótima maneira de conhecer melhor seu amigo ou sua amiga. Combine uma tarde na casa de um de vocês e façam essa brincadeira.

COMO BRINCAR:

- Compre um frasco de *chantilly* no supermercado, pode ser o mais barato.
- Utilize pratos descartáveis para não machucar ninguém.
- Reúna a família e comece a disputa.
- Organize perguntas e respostas que provavelmente todos deveriam saber, por exemplo: "Qual é o nome da minha primeira professora?", "Em que ano nós adotamos nosso gatinho?" ou "Qual é a cor preferida de um dos participantes?".
- Quem errar leva uma tortada na cara.

Filmem e fotografem o jogo para que vocês nunca mais se esqueçam dessa aventura. Será pura diversão!

QUEM NUNCA QUIS PERGUNTAR ALGO PARA A RAFA?

Coke

O "Pergunte à Rafa!" é só diversão. Os comentários vêm recheados de muita coisa legal e, claro, vários micos!

E nossos seguidores são muito ligados, acredita? É impressionante como muitos têm as mesmas dúvidas e perguntas bastante parecidas. É uma pena que não dê tempo de respondermos a todo mundo. Por isso, até pedimos desculpas por conta dos comentários que não são atendidos ou respondidos.

Quais perguntas você gostaria de fazer para a Rafa? Escreva aqui e depois comente no canal:

QUEM NUNCA TEVE MEDO DE HISTÓRIAS DE TERROR?

"Era uma noite tranquila na vida do Luiz e da Rafa. Eles acordaram com uma mensagem no celular que os instruía a olhar algumas fotos.

Quando abriram o aplicativo, ficaram assustadíssimos, pois havia fotos dos dois dormindo, o que significava que alguém estava na casa com eles.

Mesmo com medo, decidiram se levantar e investigar o que estava acontecendo, e viram um monstro parado na cozinha.

Eles correram e se esconderam... mas será que foram mais espertos do que o monstro?"

Durante a noite devemos conferir sempre se tem alguém ou alguma coisa estranha embaixo da cama, dentro do guarda-roupas, atrás das cortinas, atrás da porta. E, se você encontrar algo, CORRA E GRITE

O que é isso!? Acho que ouvi um barulho estranho! Parece que tem alguém aqui conosco...

É brincadeirinha, pode dormir tranquilo! É só mais uma história de terror!

QUEM NUNCA
IMAGINOU
COMO É A
NOSSA VIDA
LONGE DAS
CÂMERAS?

PARIS
Français

Estamos sempre correndo muito! Além de fazer pesquisas, atender os fãs, gravar e editar todos os vídeos do canal, precisamos dividir nosso tempo livre entre estudar e ficar com nossa família e nossos amigos.

Claro que o trabalho é muito importante e ocupa quase todo o nosso tempo (ainda bem que é algo que amamos, certo?), mas é essencial conseguir descansar, ler um livro, visitar os parentes e conhecer lugares novos (que também podem servir de inspirações para vídeos, não é mesmo?).

E você? Conte aqui o que mais gosta de fazer em seu tempo livre:

QUEM NUNCA TEVE UM SONHO MALUCO?

Sonho maluco do Luiz Phellipe:

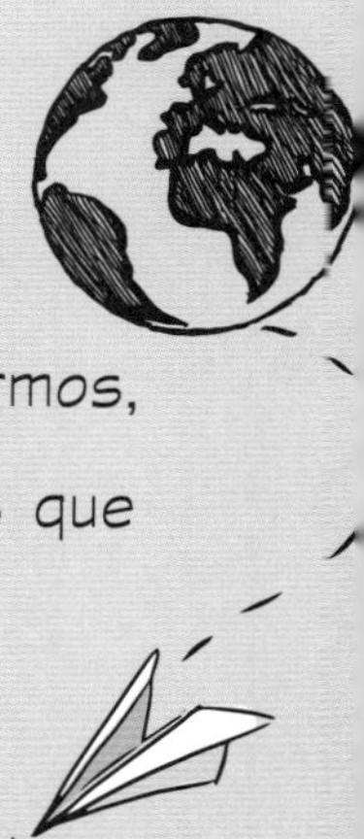

Eu acredito muito que, se confiarmos e lutarmos, podemos realizar nossos sonhos, por mais que pareçam impossíveis.

Tenho um sonho que parece um pouco maluco: viajar e conhecer o munco todo. Já imaginou? O mundo t-o-d-o?! É um sonho muito maluco, mas não é impossível. É a minha vontade e, se for a de Deus também, com certeza vou realizá-lo.

Sonho maluco da Rafaella:

Olha, o meu sonho é mais maluco ainda, mas é algo que eu imagino desde sempre e, se eu tivesse um desejo para mim, seria esse: virar uma sereia!

Assim, eu poderia respirar debaixo d'água e conhecer o fundo do mar. Já imaginou como deve ser incrível lá embaixo? Aposto que deve ser lindo e inesquecível.

E você?

Qual é o seu sonho maluco?

QUEM NUNCA
ASSISTIU A UM VÍDEO TÃO LEGAL QUE VIROU SEU FAVORITO?

O vídeo preferido do Luiz Phellipe:

Gosto muito dos vídeos da série "Rico vs Pobre" mas o mais especial para mim foi o "Você sofre bullying?".

O vídeo preferido da Rafaella:

Eu tenho duas séries favoritas: "A gêmea do mal" e "A espiã".

Escreva qual é o seu vídeo preferido:

____

____

____

QUEM NUNCA
SE AVENTUROU?

AVENTURA NO QUADRICICLO

Rafaella entrou em pânico: – Não, Luiz, para, quero descer! Para, Luiz! Devagar! Socorro!

E o Luiz só dizia: – Calma, foi você quem escolheu!

Mas Rafa não sabia que sua escolha seria tão radical. Luiz queria andar na montanha-russa ou no teleférico, mas Rafa, com medo, escolheu dar uma volta no quadriciclo. Parecia tão inocente aquele carrinho parado... parecia tão seguro... Mas quando a viagem começou naquela estrada de barro cheia de poças da água da chuva do dia anterior, ela viu que não seria nada disso.

O carro derrapava toda hora e exigia do Luiz muita força para dominar o volante. Às vezes, tinham a impressão de que iriam em direção ao abismo. Quando o guia, que era um rapaz do próprio parque, dava uma paradinha para aguardar os últimos a chegar para seguirem juntos, era um alívio. Luiz ainda filmou todo esse desespero e você pode assistir no nosso canal!

Quando o passeio acabou, nós dois estávamos com as calças sujas. Mas calma, não pense besteira! As calças estavam sujas de lama por causa da chuva. Meu coração parecia que ia sair pela boca! Que sufoco!

Rafaella

QUEM NUNCA PASSOU VERGONHA NUMA VIAGEM?

NOSSA IDA A SÃO PAULO

Fomos passar uma semana em São Paulo, e dessa vez fomos passear mesmo, descansar um pouco. Acontece que, logo no primeiro dia, depois de irmos ao parque e ao shopping, depois de visitarmos alguns lugares, chegamos exaustos no hotel e reparamos bem nos detalhes daquele lugar.

Ele tinha um estilo diferente, suas paredes eram decoradas com grafites. Muito maneiro, só que o nosso quarto ficava em um corredor todo azul grafitado com cores escuras, o que o tornava bastante sinistro. Chegamos à noite e ficamos um pouco amedrontados, mas estávamos tão cansados, corpo moído, dor de cabeça, nariz entupido e com febre, ou seja, não estávamos nos sentindo bem. A Rafaella e eu pegamos uma gripe ou, como os médicos costumam dizer, uma virose, sei lá. Só sei que parecia que o meu corpo estava triturado, e a Rafa também estava se sentindo assim. Fizemos um rápido lanche, fechamos as cortinas, apagamos as luzes e fomos dormir cedo, depois de tomarmos um remédio para febre (recomendação de nossos pais, que nos receitaram pelo telefone mesmo).

Não sei se era por causa da febre, mas não conseguimos dormir direito. Tive pesadelos e acordei de hora em hora com a imagem daquele corredor escuro do hotel. Ouvi barulhos estranhos... mas sempre achando que era da febre.

Já era manhã – mas, como as cortinas estavam fechadas, o quarto estava escuro – quando ouvi um barulho. Parecia alguém mexendo na porta.

SOOCOOORR

De repente, a porta se abriu e alguém entrou em nosso quarto segurando algo que parecia uma espada! Nem deu tempo de eu falar qualquer coisa porque a Rafa deu um pulo da cama e começou a gritar: "SOCORRO! SOCORRO! O QUE É ISSO?! SAI, SAI DAQUI!".

Eu levantei correndo, e a pessoa que estava entrando recuou pedindo desculpas. Era apenas a moça da limpeza, a camareira, e ela estava com a vassoura nas mãos. Que mico!

Luiz Phellipe

OOOO!

QUEM NUNCA ACHOU QUE SERIA UM DIA NORMAL, MAS SE ENGANOU?

O DIA EM QUE FOMOS EXPULSOS DE UMA CASA. UMA VERDADEIRA AVENTURA!

Queríamos gravar em um cenário diferente, porque pensamos em uma série com muita ação, então alugamos uma casa por três dias. Essa casa ficava em uma ilha e nós não sabíamos. E também não conhecíamos os donos, o contato foi feito só pelo telefone.

Estacionamos próximo ao local e nos informaram que seria preciso pegar um barco até a casa. O clima já ficou estranho desde esse momento. O acesso só poderia ser feito a barco, não tinha como ir caminhando ou de carro. Agora, imaginem como foi: nós

dois entrando em um barquinho levando equipamentos, mochilas, lâmpadas, muito peso mesmo. Havia outras pessoas precisando do transporte, mas tão grande era o número de volumes que levávamos que ninguém mais pôde entrar; só nós e as bagagens.

– Tudo bem? Podemos ir?

– Sim – respondemos ao dono do barco.

Ele ligou o motor e saiu em disparada. Rapidamente nos agarramos ao barco e aos equipamentos com muito medo de que algo voasse e caísse na água.

Ufa! Chegamos! Um pouco descabelados por causa da velocidade do barco.

Uma senhora nos recebeu com muita simpatia, ela era a dona da casa. Tinha um sotaque estranho

e falava sem parar dizendo que sua casa era muito usada por noivas e por grupos de artistas que iam ao local para tirar fotos lindas e gravar propagandas, blá blá blá.

Finalmente ela nos deixou em paz! Mas, antes, ela nos disse que, se quiséssemos comer, poderíamos ir a um dos dois restaurantes que havia beirando a lagoa, que era preciso apenas ligar para o moço do barco. Por um momento pensamos: "Ainda bem que trouxemos batatinhas, biscoitos, sucos e refrigerantes". Daria para aguentar por uma noite.

Por fora a casa era bem linda, com detalhes de madeira e paredes de vidro, de frente para uma lagoa. Do outro lado da lagoa havia uma floresta densa, fechada, de dar medo. Havia também uma lancha ancorada bem próxima ao jardim.

Por dentro, a casa era toda decorada com objetos e coisas estranhas, como tapetes egípcios pendurados pelas paredes, esculturas que pareciam quebradas. Havia estatuetas esquisitas até na pia do banheiro. Muuuuito sinistro!

Trocamos de roupas, montamos os equipamentos e começamos a gravar. Como já disse, era uma série de muita ação e nós nos jogávamos no chão, corríamos e gritávamos. Na verdade fizemos bastante barulho por que o piso e a escada que dava acesso ao andar de cima eram de madeira e fazia um eco só de caminhar, imaginem a gente correndo e se jogando no chão?

E a dona da casa morava ao lado!

Era sexta-feira, o primeiro dia de gravação, quando aproximadamente às seis da tarde, já anoitecendo, levamos um susto! Um homem na porta! A porta era de vidro! Abrimos, assustados, e ele começou a falar. Disse que era filho da dona da casa, e que aquela casa era muito especial, pois o pai dele morava ali e tinha morrido há alguns dias, e que se quebrássemos alguma coisa não teria como repor, pois eram peças de arte, peças únicas que o seu pai tinha feito e que tinham muito valor sentimental. Ele falava conosco tremendo todo, parecia muito nervoso, e estava com o rosto vermelho. Sua mãe, aquela senhora do sotaque marcante, ficava atrás dele, só observando. Explicamos que éramos de um canal infantojuvenil, que tínhamos muitas visualizações, mas eles não entendiam nada de YouTube, de internet, de seguidores... Falavam coisas estranhas, citavam as peças que estavam na casa, pareciam que eram de outro planeta.

Ficamos com medo e sem ação! Será que um fantasma habitava ali? (Até que seria uma boa ideia gravarmos uma história de terror).

Ele saiu dizendo que poderíamos continuar com as gravações, mas que não poderíamos correr e nem fazer barulhos. Poxa! Como isso seria possível?

Rafaella queria ir embora naquele mesmo instante. E eu também, mas já tínhamos começado a série. Como faríamos para gravar o restante? E o valor pago no aluguel referente aos três dias? Mas, se ficássemos, o que poderia acontecer? Passar a noite ali... só nós dois... sem poder sair... dependendo do moço do barquinho... E se ele entrasse de repente enquanto estivéssemos dormindo? Depois de muito pensar, resolvemos ficar e terminar

as gravações. Só que, em uma das cenas, os óculos que Rafaella usava caíram do andar de cima, o que fez um barulho muito grande, e ela ainda gritou:

– IH, QUEBROU!

Na mesma hora, o homem, filho da dona, apareceu na porta e ordenou que fôssemos embora.

– Arrumem as coisas e saiam! Não quero que fiquem aqui!

Ele estava muito nervoso e ainda mais vermelho; Com certeza pensou que tivéssemos quebrado alguma coisa da casa.

Desmontamos os equipamentos correndo, arrumamos as mochilas e colocamos tudo do lado de fora da casa. Estávamos com muito medo e fizemos tudo sem tirar os olhos daquele homem nervoso. Parecia que ele ia explodir. Ligamos para o moço do barquinho, que chegou em poucos minutos, mas para nós aqueles minutos pareciam uma eternidade. Queríamos sair dali o mais rápido possível. Cheguei a imaginar a possibilidade de pular na água e sair nadando.

O transporte chegou e, por sorte, um passageiro nos ajudou a colocar tudo dentro do barquinho. Então, seguimos para o estacionamento onde estava o nosso carro. Era quase meia-noite e aquele trajeto da casa até a ponta da ilha, cercado de florestas e naquele silêncio, foi assustador! Só queríamos ficar livres daquela gente estranha.

Agora sim, chegamos em casa. Estamos livres daquela situação! Contamos tudo para nossos pais. Sabemos que com vocês também é assim: juntos da família se sentem mais seguros.

E quanto à nossa série? Vocês viram lá no canal. Tivemos que usar muita criatividade e terminamos as gravações em cenários diferentes. Mas o resultado ficou bem legal!

Corre lá no canal, tente descobrir que série foi essa e escreva o nome dela aqui: ______________

______________________________.

Quero ver se você já assistiu mesmo aos nossos vídeos. Aposto que sim

QUEM NUNCA FICOU TRISTE POR SE DESPEDIR DE UM AMIGO QUERIDO?

BROOKLYN
- 1973 -

NOS ENCONTRAMOS NA PRÓXIMA AVENTURA

Agora, além de todos os vídeos no nosso canal, acabamos de passar por mais uma grande aventura: o nosso primeiro livro!

Essa jornada foi muito especial para nós, pois achamos importante acompanhar os nossos seguidores e fãs em todos os lugares, principalmente através da leitura!

Compartilhe fotos deste livro, escreva para nós para contar o que achou e continue fazendo parte da família *Kids Fun*.

Antes de nos despedirmos, vamos fazer uma última brincadeira: use esse espaço e escreva ou desenhe as cinco coisas que você mais gosta no canal. Pode ser um vídeo, uma piada... qualquer coisa! E depois nos mande uma foto do seu desenho.

Agradecemos demais por todo o apoio que recebemos diariamente de vocês, queridos leitores, seguidores e amigos.

Mas claro que não vamos embora sem deixar uma surpresa especial para vocês. Acesse este link: https://www.youtube.com/watch?v=qFSpvP112ol e tenha acesso a um vídeo exclusivo!

Nos encontramos na próxima aventura!

Conheça o livro da Juliana Baltar!

Juliana Baltar e as histórias mais malucas que você já leu!

Quem conhece a youtuber Juliana Baltar já sabe que com ela tudo é possível, ainda mais se estiver acompanhada da irmã Rafaella e do cunhado Luiz Phelippe. Com eles até o mais simples acontecimento do dia a dia pode ser transformado em uma incrível aventura – e neste livro eles deram asas à imaginação em quatro histórias inéditas de ficção que são impossíveis de esquecer. Sucesso de público em seu canal do YouTube, Juliana conquistou a todos com sua habilidade de contar as histórias mais divertidas e malucas já criadas. Neste livro, você encontrará quatro histórias inéditas que foram feitas especialmente para todos aqueles que acreditam no poder da imaginação — e ainda vai descobrir um pouco mais sobre a Juliana numa quinta história que não é inventada. Prepare-se para esta aventura!

Divirta-se com:

- O dia em que a boneca começou a falar.
- O secreto mundo onde os adultos são proibidos de entrar.
- A jornada do cachorrinho perdido.
- A consulta na dentista que se transformou num filme de terror.
- A vida de Juliana Baltar narrada por sua mãe.

KIDS
FUN
QUEM NUNCA?
Esse livro foi impresso pela gráfica RR Donnelley em papel offset 90 g.

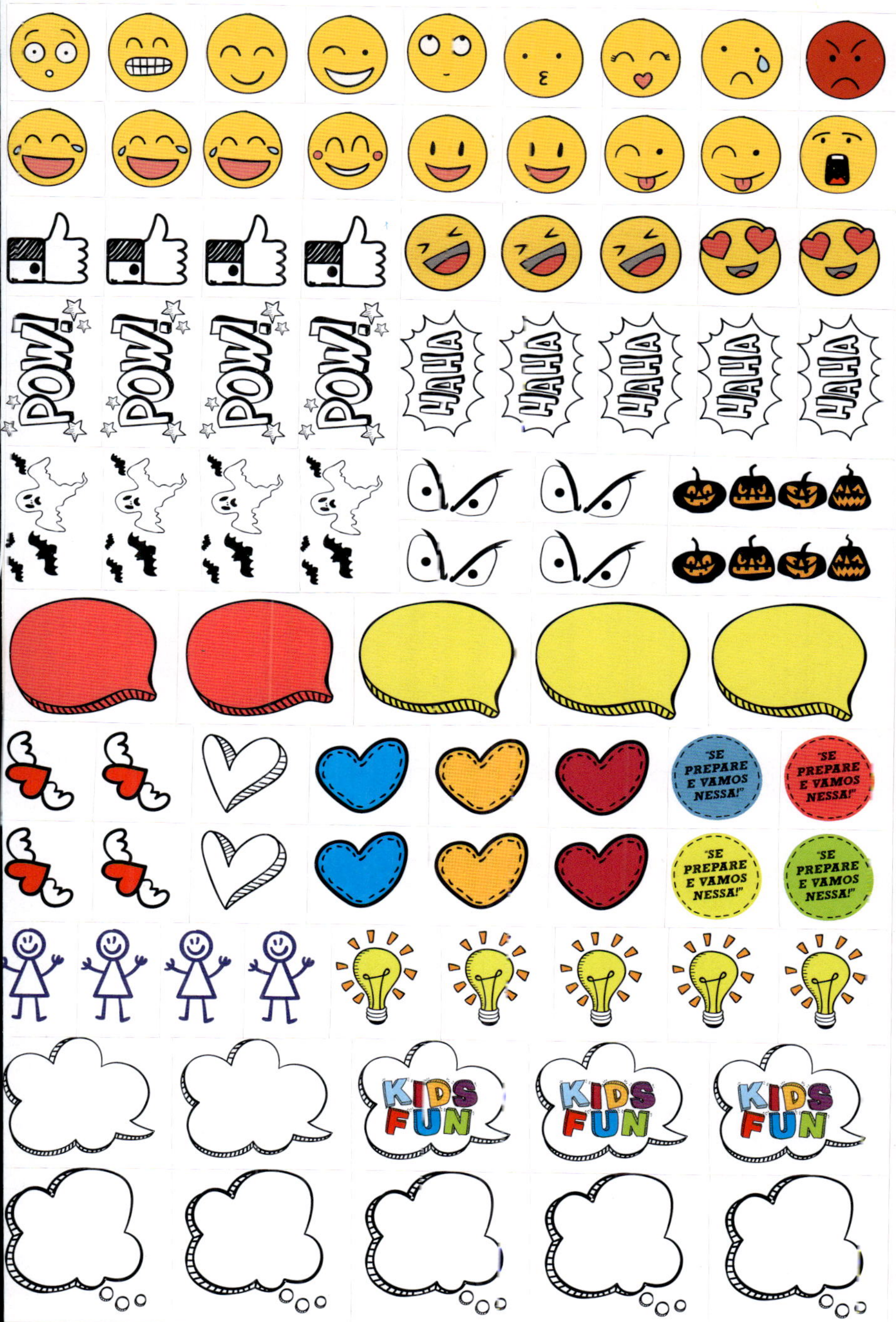
POW!
HAHA
"SE PREPARE E VAMOS NESSA!"
KIDS FUN